French Songbook

Wise Publications
London/New York/Sydney

Exclusive Distributors:
Music Sales Limited
8/9 Frith Street, London, W1V 5TZ, England
Music Sales Pty. Limited
120 Rothschild Avenue, Rosebery, NSW 2018, Australia

This book © Copyright 1984 by
Wise Publications
UK ISBN 0.7119.0466.9
UK Order No. AM 35577

Designed by Howard Brown

Music Sales complete catalogue lists thousands of
titles and is free from your local music book shop,
or direct from Music Sales Limited.
Please send a cheque/postal order for £1.50 for postage to
Music Sales Limited, 8/9 Frith Street, London, W1V 5TZ.

Printed and bound in Great Britain by
Page Bros, Norwich

Adieu Tristesse
4
Ca C'est Paris
30
Elle Etait Si Jolie
74
Et Maintenant
70
La Ronde De L'Amour
26
Les Blouses Blanches
12
Les Lavandieres Du Portugal
54
Les Parapluies De Cherbourg
62
Le Temps Des Cerises
78
Marie Marie
59
Mon Manege A Moi
17
Padam Padam
48
Petite Fleur
66
Si Tous Les Oiseaux
36
Si Tu T'Imagines (Fillette . . . Fillette)
8
Sous Les Ponts De Paris
22
Sous Les Toits De Paris
43
Un Homme Et Une Femme
40

Adieu Tristesse

Words: Andre Salvet and Marcel Camus. Music: Antonio Carlos Jobim

trem - ble sur le bord de cha - que fleur _____
rire et pour s'ai - mer tout sim - ple - ment _____

Bril - lant dans l'ombre, A la fin el - le tombe, Ce
Il faut bien vivre A - vant que dis - pa - raisse L'en -

al Coda ⊕

sont les pre - miers pleurs De no - tre cœur......
- vie de s'a - mu - ser quand il est

Le bon - heur du pauvre est vrai - ment dans l'i - vres - se

5

Que va lui don - ner le Car - na - val. _____ Le

pau - vre tra - vaille sans ces - se, sans cesse, Pour

ou - bli - er sa mi - sère; Au mi - lieu de la lu - miè - re Il

est _____ commeun prince à l'allu - re fiè - re; _____ Mais

Si Tu T'Imagines

(Fillette..Fillette..)

Words: Raymond Queneau Music: Joseph Kosma

Si tu t'i- ma- gi-nes si tu t'i-ma- gines fil-let- te fil- let-te si tu t'i-ma- gines xa va xa va xa va du-rer tou- jours la sai-son des za la sai-son des za sai-son des a - mours ce que tu te gou-res fil- let-te fil- let-te ce que tu te gou- res Si tu crois pe-

-ti - te si tu crois ah! ah! que ton teint de ro-se ta tail-le de guêpe, tes mignons bi-

-ceps tes on-gles d'é - mail ta cuis-se de nymphe et ton pied lé - ger si tu crois pe -

-ti — te xa va xa va xa va du-rex tou-jours__ ce que tu te gou-res fil-

Meno mosso

-let-te fil-let-te ce que tu te gou - res

Lento
triste

Les beaux jours s'en vont__ les beaux jours de

p canto

9

fê - tes so - leils et pla - nè - tes tour - nent tous en rond mais toi ma pe-

-ti - te tu marches tout droit vers ce que tu vois pas Très sournois s'ap-

Agitato

p

-prochent la ri - de vé - lo - ce la pe-san - te grais-se le men-ton tri - plé le muscle a-va-

cresc.

rit.

f rit.

-chi _____ Al - -lons cueil-le cueil - le les ro-ses les roses ro-ses de la

a tempo

p

a tempo
legg.

vie les roses de la vie et que leurs pé - ta - les soient la mer é - ta - le de tous les bon-

Più mosso

- heurs de tous les bon - heurs al - lons cueille cueille si tu le fais pas ce

que tu te gou - res fil - let - te fil - let - te ce que tu te gou - res Ah

Les Blouses Blanches

Words: Michel Rivgauche Music: Marguerite Monnot

La vé - ri - té. A - lors, comme elle en a as - sez d'pleurer,

Eb   C   Db

De tout's ses forces ell' se met à cri - er. "Mais puis-que j'vous dis que moi j'suis

Cm6   Db7   C   Db7

pas foll'! Vous m'en- ten - dez? J'suis pas foll'! J'suis pas foll'! J'suis pas foll'!

C   Db7   C Db7 C Db7 C

Et a chaqu'fois y'al - es blous's blanch's... En - core et tou - jours les blous's

8va

C sus4

13

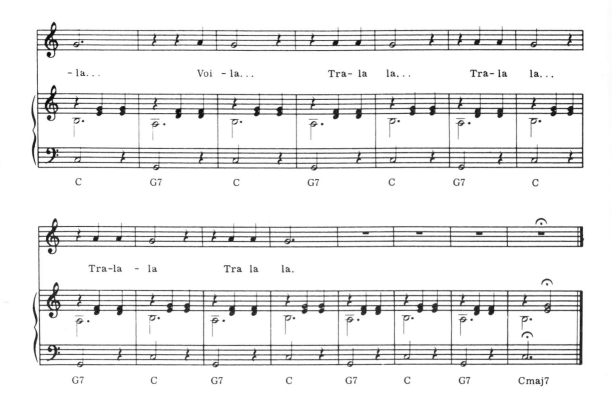

Ça fera bientôt huit années,
Huit années qu'elle est internée,
Oui! internée avec les fous,
Avec les fous'

Un grand traitsur les huit années,
Tout comm'si rien n's'était passé!
Un' nuit elle ira leur voler
Leurs huit années!

Tiens! V'la la main! Comm'le jour d'la rob'blanch'..
Mais pourquoi qu'elle a mis tout's ces blous's blanch's?
Non' puis –que j'vous disque moi j'suis pas foll'!
Mais lâchez-moi! J'suis pas foll'!
J'suis pas foll'! J'suis pas foll'!

Vous voyez bien que c'était vrai.
Moi, je savais qu'ell' reviendrait
La main! La bell' main qui chantait!..
Chantait!.. Chant..... (Coda)

Mon Manege A Moi

Words: Jean Constantin Music: Norbert Glanzberg

La terr'n'est pas as - sez ron-de _____ Pour m'étour-dir au - tant qu'toi _____

_____ Comme on est bien tous les deux _____

Quand on est ensembl' nous deux _____ Quelle vie on a tous les deux _____

_____ Quand on s'aim'com-me nous deux On pour-rait chan - ger d'pla - nè - te _____

—Tantqu'j'aimon cœur près du tien _____ J'entends les flon - flon d'la fê - te _____

_____ Et la terr'n'y est pour rien _____

Ah! oui par-lons-en d'la terre _____ Pour qui ell' se prend la

terre _____ Ma pa - rol' y a qu'ell' sur terre _____

Y a qu'ell' pour fair' tant d'mys - tère Mais pour nous y a pas d'pro - blè - me ___

___ Car c'est pour la vie qu'on s'ai - me ___ Et si y a - vait pas d'vie mê - me ___

___ Nous on s'ai - me - rait quand même ___ Car... ___ Tu me fais tour - ner la

poco rit. - - -

poco rit. - - -

a tempo

tê - te ___ Mon ma - nèg' à moi c'est toi ___

2° fois Piano Solo - - - - - - - -

f a tempo

Je suis tou-jours à la fê - te _____ Quand tu me prends dans tes bras _____

2°fois Piano Solo - - - - - - - - -

_____ Je fe-rais le tour_ du_ mon-de _____ ça ne tourn'rait pas plus
Je fe-rais le tour_ du_ mon-de _____ ça ne tourn'rait pas plus

2°fois Piano Solo - -

qu'ça _____ La terre n'est pas as - sez ron-de _____ Pour m'é-tour-dir
qu'ça _____ J'ai beau cher-cher à la ron-de _____ Mon ma-nèg' à

au - tant qu'toi. _____ 2° fois Piano Solo
moi c'est toi _____

ff

f Piano Solo

21

Sous Les Ponts De Paris

Words: Jean Rodor Music: Vincent Scotto

-ton _____ Tout le long de la Seí _____

-ne On pas - se sous les ponts, _____ Pen -

-dant le jour sui - vant son cours, Tout Pa - ris en

ba-teau dé - fi - le L'coeur plein d'en - train, ça

va, ça vient, Mais l'soir lors-que tout dort tran - quil_____

Refrain

- le sous les ponts de Pa - ris _____ Lors-que des-

- cend la nuit _____ Tout's sort's de gueux se fau -

- filent en ca - chet - te Et sont heu - reux d'trouver u - ne cou -

24

-chet - te Hô - tel du Cou - rant d'Air_____ Où l'on ne

paie pas cher _____ L'par-fum et l'eau c'est pour

rien, mon mar - quis, Sous les ponts de Pa - ris _____

La Ronde De L'Amour

Words: Louis Ducreux   Music: Oscar Straus

Tour - nent, tour - nent, mes per - son - na - ges, Quand le bon
Cœur bri - sé, quand pas - se la Ron - de Tour - ne la

-heur est de re - tour. Jeune ou vieux, qu'im
pa - ge, c'est ton tour! El - le tour - ne

-por - te notre â - ge! Dan - sons la ron - de de l'a - mour.
pour tout le mon - de Voi - ci la Ron - de

to Coda ✛

VERSE
KEY G

Vers le ciel douce et lé - gè - re La ron - de

28

mon - te   en tour - noy - ant.   El - le quit - te
no - tre ter - re,   No - tre ter - re noire et
clai - re Qui tourne et dan - se d'un même é - lan.

D.S. al ✛ Coda

✛ CODA

de l'a mour!

Piu Vivo

ff

29

Ca C'Est Paris

Words: L. Boyer and Jacques-Charles Music: Jose Padilla

Le nez re - trous - sé, l'air mo - queur, Des yeux tou - jours ri - eurs Tous ceux

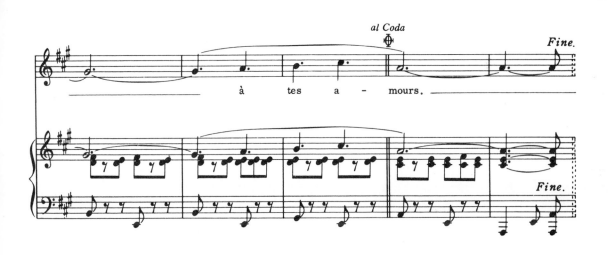

les mê - mes at - traits Que les aut - res oui, mais...
s'ha - bil - le d'un rien Mais ce rien lui va bien.
lui dit's: Ma mig - nonn' Viens dan - ser l'char-les - ton.
- sez - les ve - nir seuls, Vous tromper tant qu'ils veul'nt

Ell' pos - sède à ra - vir La mani - èr' d's'en ser-
Quand elle a dix - sept ans, C'est un bou - ton d'prin-
Quand elle est dans vos bras, Ell' vous mur - mur' tout
Lors - qu'ils vous re - vien-dront, J'vous pro - mets qu'ils sau-

- vir: Elle a per - fec - tion-
- temps, Mais l'bou - ton s'ou - vri-
- bas: Qu'estc' qu'y a sous ton ves-
- ront Ce qu'un homm' doit sa-

Si Tous Les Oiseaux

Words: Jean Broussolle Music: Jean-Pierre Calvet

1. Si ___ tous les oi - seaux ___ qui ont chan - té ___ au ciel de
2. Si ___ tous les oi - seaux ___ qui ont chan - té ___ au ciel de

Mai   Si ___ tous ces oi - seaux ___ pou-vaient un
Mai   Si ___ tous ces oi - seaux ___ pou-vaient un

jour _____ nous ra-con - ter   Tout _____ ce qu'ils ont
jour _____ nous ra-con - ter   Tous _____ ces grands bon-

vu _____ Ce qu'ils ont   vu _____ et en - ten - du
heurs _____ Et tous ces   pleurs _____ vi - te sé - chés

Quand _____ ils se po - saient _____ dans les feuil - la - - - ges re - ve -
Ces _____ ro - bes frois - sées _____ qu'un autre a - mour _____ a re - pas -

-nus ... Sur les mous-ses ver - tes Les prai-ries dé - ser - tes
-sées ... Oh! mais que d'his-toi - res Dif - fi - ciles à croi - re

Au creux des val - lons en so - leil - lés ... Au bord des cas-ca - des ·
Que de choses ils pourraient ra - con - ter ... Mes-sieurs les Po - è - tes

Dans leurs em-bus-ca - des Que d'a-mours ils ont vu com-men - cer.
Ce se - rait la fê - te Vous n'au - riez plus qu'à les é - cou -

Un Homme Et Une Femme

Words: Pierre Barouh Music: Francis Lai

pour Finer
al Coda

Comme un es - poir
La vie re - part
Com-me nos
Com-bien de joies

Bien des dra - mes
Et voi - là
C'est u - ne longue his-

- toire
Un homme
U - ne fem - me

Ont for - gé la tra - me
du ha - sard

Coda

42

Sous Les Toits De Paris

Words: Rene Nazelles Music: Raoul Moretti

"Dans no - tre log' - ment, J'ai pei - né sou - vent,
Lui fit sim - ple - ment Quel - ques com - pli - ments,
La pau - vre Ni - ni Pleu - ra bien des nuits.

Pour t'él' - ver fal - lait d'l'ar - gent; ___
La gri - sa de bo - ni - ment; ___
Un soir... on frapp'... C'é - tait lui ___

Mais t'as com - pris, un peu plus cha - que
"Ni - ni, j'te jur', ça s'fait plus la ver -
Il sup - pli - a: "Ma ché - rie, j'ai eu

44

jour, Ce que c'est le bon - heur, mon a - mour, ____
tu Je t'a - dor', sois à moi, dis, veux - tu ____
tort, Par-donn' moi, tu sais je t'aim'en - cor" ____

Refrain

____ Sous les toits de Pa - ris Tu vois ma p'tit' Ni-
____ Sous les toits de Pa - ris Dans ma chambr', ma Ni-
____ Sous les toits de Pa - ris Quel - le joie pour Ni-

- ni On peut vivre heu - reux et bien u - ni
- ni On s'aim' - ra, c'est si bon, d'être u - ni ! ____
- ni De r'trou - ver un pas - sé tant ché - ri ____

Nous somm's seul's i - ci - bas On n's'en a - per - çoit
C'est quand on a vingt ans Quand fleu - rit le prin-
Quand il dit: "Main-te - nant Tu sais, c'est le mo-

pas On s'rap - proche un peu plus et voi - là! _____
-temps, Qu'il faut s'ai - mer, sans perdre un in - stant" _____
-ment, Faut s'ma - rier tous les deux gen - ti - ment _____

Tant que tu m'aim's bien J'n'ai be - soin de
L'air é - tait très pur Et le ciel d'a-
Car rien n'est cas - sé, Tout est ef - fa-

rien Près de ta ma - man Tu n'as pas d'tour-
-zur Ell' dit: "Je n'veux pas!" Puis ell' se don-
-cé, Ou - blie le pas - sé Et viens m'em - bras-

-ments C'est ain - si qu'cœur à cœur On cueill', comme u - ne
-na. C'est ain - si qu'en ce jour Le vain - queur, comm' tou-
-ser " Vit' Ni - ni par - don - na Et l'bon - neur s'in - stal-

fleur, Sous les toits de Pa - ris, le bon - heur"
-jours, Sous les toits de Pa - ris, fut l'a - mour!
- la Sous les toits de Pa - ris, c'est comm' ca

Padam Padam

Words: Henri Contet Music: N. Glanzberg

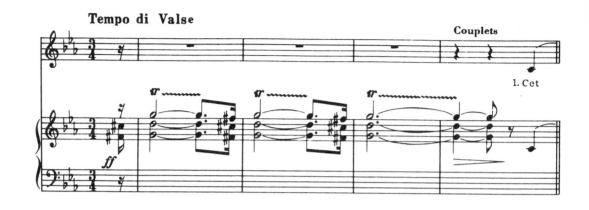

air   qui   sait tout par   coeur. _____   2. Il
l'air   qui   m'a   re - con-   -nue _____

3e Refrain

E - cou - tez le cha-

- hut qu'il   me   fait, _____

Comme si   tout mon   pas - sé dé - li - rait, _____   Pa-

-dam, Pa - dam, Pa - dam, Faut gar - der du cha-grin pour a - près _____ J'en ai tout un sol - fèg' dans cet air qui bat, Qui bat, comme un coeur de bois.

53

Les Lavandieres Du Portugal

Words: R. Lucchesi Music: A. Popp

1. Con - nais -
2. Quand un
3. Le soir
4. Oui mais

- sez - vous des la - van - diè - res comme on en voit au Por - tu - gal Sur - tout
hom - me s'approche d'el - les sur - tout s'il est jeune et bien fait Aus - si
ve - nu les la - van - diè - res s'en vont a - vec leur lin - ge blanc Il faut
sou - vent les la - van - diè - res trou - vent le ma - ri de leur choix Tou - tes

cel - les de la ri - viè - re de la vil - la de Se - tu -
-tôt glis -sent leurs bre - tel - les de leurs é - pau - les au teint
voir leurs silh-ouet - tes fiè - res se dé - ta - cher dans le cou -
les autres la - van - diè - res le grand jour par - ta - gent leur

- bal Ce n'est vrai -ment pas des la - voirs où elles
frais Oui mais si c'est un va - nu - pied, où bien
- chant Sur leur têt' leur pa - nier po - sé, tel - les
joie Au re - pas de noce in - vi - tées el - les

la - vent mais des vo - liè - res Il faut les enten-dre et les
mêm' quel - que vieil hi - dal - go El - les s'amu -sent à le mouil-
des dé - es - ses an - ti - ques On en - tend dou-c'ment s'é - loi -
mettent une am - bi - ance fol - le Le xé - rès fai - sant son ef -

voir, ryth - mer leurs chants de leurs bat - toirs.
- ler en chan - tant d'un' voix é - veil - lée:
- gner leur re - frain et leurs pas feu - trés.
- fet, elles com - men - cent à chan - ton - ner:

Tant qu'y au -

Refrain

- ra du ling' à la - ver On boi - ra de la man - za - nil - la Tant qu'y au -

al Coda

- ra du ling à la - ver Des hommes on pour - ra se pas - ser. Et —

57

vous rê-vez d'i - dé - al   La - van - diè - res du Por - tu - gal   Et

tape   et tape   et tape av-ec ton bat - toir   Et

tape   et tape   tu dor - mi-ras mieux ce   soir   Tu

dor - mi - ras mieux ce   soir,   Tu dor - mi - ras mieux ce   soir.

Marie Marie

Words: Pierre Delanoe Music: Gilbert Becaud

V.m. A Pâques ou à la Mi-Ca-rème Quand je se-rai li-bé-ré Lors-
V.f. A Pâques ou à la Mi-Ca-rème Quand il se-ra li-bé-ré Lors-

-que j'au-rai fi-ni ma pei-ne O que j'i-rai t'embras-ser Dans
-qu'il au-ra fi-ni sa pei-ne O qu'il i-ra t'embras-ser Dans

no-tre jar-din d'Angle-terre Les roses ont dû re-fleu-rir Si
vo-tre jar-din d'Angle-terre Les roses ont dû re-fleu-rir Si

tu en portais à ma mè - re   Ça me ferait bien plai - sir. ⸺   Ma -
tu en portais à sa mè - re   *Ça lui ferait bien plai - sir.* ⸺

- rie ⸺ Ma - rie ⸺ Ecris donc ⸺ plus sou-

-vent ⸺ Ma - rie, ⸺ Ma - rie ⸺

Au quator- ze mille   deux cent. ⸺   2. J'tra -
3. A   Pâques ou à la Mi-Ca-

60

Il reviendra bien le temps Où tu pourras di-re "je t'ai-me"

Au qua-tor-ze mille deux cent.

② J'travaille à la bibliothèque
Je m'invente du bon temps
J'ai pour amis tous les poètes
Baud'laire et Chateaubriand
Ici pour moi quoiqu'on en pense
Ils sont vraiment très gentils
On a du dessert le Dimanche
Du poisson le Vendredi.

② *Il est à la bibliothèque*
Il s'invente du bon temps
Il a pour amis des poètes
Baud'laire et Chateaubriand
Là-bas pour lui quoiqu'on en pense
Ils sont vraiment très gentils
Il a du dessert le dimanche
Du poisson le Vendredi.

Les Parapluies De Cherbourg

Words: Jacques Demy Music: Michel Legrand

De - puis quel-ques jours je vis dans le si - lence Des qua-tre murs ____ de mon a-

- mour De - puis ton dé - part l'om-bre de ton ab - sence me pour-suit

cha-que nuit ____ et me fuit cha-que jour Je ne vois plus per-sonne j'ai fait le

vide au-tour de moi   Je   ne com prends plus rien parce que je   ne-suis rien sans toi   J'ai

re-non-cé à tout parce que je   n'ai plus d'il-lu - sions   De   notre a - mour é-cou-te   la chan-

- son _____   Non je   ne   pour - rai   ja-mais vi - vre   sans   toi   Je . ne

pour - rai   pas   ne pars pas   j'en   mour - rai   un ins-tant   sans

me quit - te pas

Ils se sont sé-pa - rés sur le quai d'u - ne gare

Ils se sont é-loi - gnés dans un der-nier re - gard

Oh je t'aim' Ne me quit - te pas.

Petite Fleur

Words & Music: S. Bechet

Moderato
Intro.

J'ai ca - ché ___ Mieux que par - tout ail - leurs ___

___ Au jar -din de mon coeur ___ U - ne pe - ti - te fleur.

coeur ___ Tu fleu – ri – ras tou – jours ___ Au grand jar din d'a

peur, ___ Cueil-lie au fond d'un coeur ___ U – ne pe-ti – te

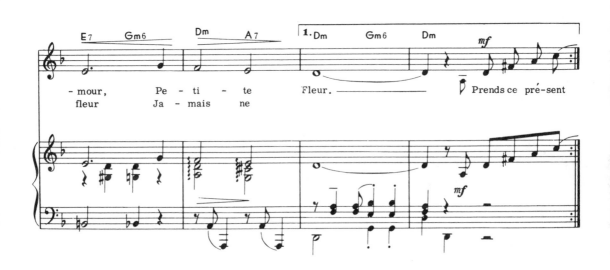

– mour, Pe – ti – te Fleur. ___ Prends ce pré-sent

fleur Ja – mais ne

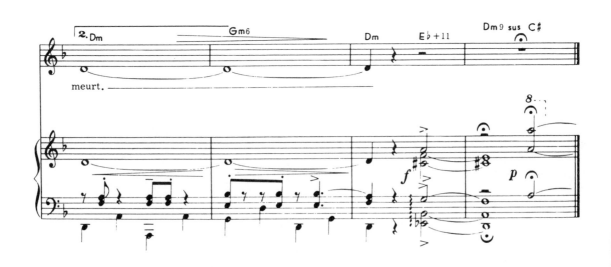

meurt. ___

Et Maintenant

Words: Pierre Delanoe Music: Gilbert Becaud

1.) Et mainte - nant _____ que vais-je fai - re _____

De tout ce temps _____ que se-ra ma vie _____

rien.

accel. *poco   a   poco   et* **ff**

    2) Et maintenant que vais-je faire
      Vers quel néant glissera ma vie
      Tu m'as laissé la terre entière
      Mais la terre sans toi c'est petit
      Vous mes amis soyez gentils
      Vous savez bien que l'on n'y peut rien
      Même PARIS crève d'ennui
      Toutes ses rues me tuent.

3) Et maintenant que vais-je faire
   Je vais en rire pour ne plus pleurer
   Je vais brûler des nuits entières
   Au matin je te haïrai
   Et puis un soir dans mon miroir
   Je verrai bien la fin du chemin
   Pas une fleur et pas de pleurs
   Au moment de l'Adieu.

   Je n'ai vraiment plus rien à faire
   Je n'ai vraiment plus rien.

Elle Etait Si Jolie

Words & Music: Alain Barriere

- li - e _____ je n'ou - blie - rai ja - mais.
- lon - ne _____ Puis el - le dis - pa - raît...

3. Au - jour - d'hui c'est l'au-
4. Elle é - tait si jo -

- li - e _____

_____ Je n'ou - blie-rai ja - mais. _____

rall.........

Le Temps Des Cerises

Words: J. B. Clement Music: A. Renard

Andantino

Quand nous chan - te - rons le temps des ce - ri - ses, Et' gai ros - si -
(Mais) il est bien court le temps des ce - ri - ses, Où l'on s'en va
(Quand) vous en se - rez au temps des ce - ri - ses, Si vous a - vez

- gnol et mer - le mo - queur Se - ront tous en fê - -
deux cueil - lir en rê - vant Des pen - dants d'o - reil - -
peur des chag - rins d'a - mour E - vi - tez les bel - -

te! Les bel-les au - ront la fo - lie en tê - te Et les a - mou-
les Ce - ri - ses d'a - mour aux ro - bes pa - reil - les Tom - bant sous la
les Moi qui ne crains pas les pei - nes cru - el - les Je ne viv - rais

- reux, du so - leil au coeur! Quand nous chan - te - rons le
feuille en gout - tes de sang, Mais il est bien court le
point sans souf - frir un jour. Quand vous en se - rez au

temps des ce - ri - ses Sif - fle - ra bien mieux le mer - le mo - queur! mais
temps des ce - ri - ses pen - dants de co - rail qu'on cueil-le en rê - vant Quand
temps des ce - ri - ses vous au - rez aus - si des pei - nes d'a - mour

Fin

11/96 (26163)